作業10分！

低温調理器
お店レベ
とろける recipe

牛尾理恵

JN038251

主婦の友社

はじめに

これまでに電子レンジや圧力なべ、炊飯器調理など便利な調理器具を使ったレシピをたくさん研究してきました。器具がもつ特徴を生かしたそれぞれの料理を楽しんでいます。
そんな中、最近登場して注目をしているのが低温調理器。
スマートなタイプが出回るようになり、使ってみたいという気持ちがかき立てられたかたも多いのではないでしょうか。ネットで調べると、お手ごろ価格のものも出回っています。

一方で、「低温調理器でローストビーフやサラダチキンは作ってみたものの、それ以外のレシピのバリエーションがない」「設定温度や時間の見当がつかない」という声も……。
まだまだ研究の余地がある低温調理器。今回は肉、魚介、卵、発酵食品のレシピを約70品ご紹介いたします。

とにかく最初に感動したのは、お肉のやわらかさ！
ステーキの焼きかげんにこだわりのある食いしん坊の主人も、これがいちばん！と大絶賛。いままでいくども試みた中でいちばん理想的なロゼ色のステーキがかないました。
低温調理器と向き合っていて魅力的に感じたのは、脂肪が少ない赤身のお肉ほどしっとりとやわらかくおいしくしてくれるところ。美容やスタイル、健康に気をつけているかたにはぴったり！　お財布にもやさしい！　と、いいことばかりです。
そして、むずかしいとされている魚介も、味わったことのないようなとろりとした仕上がりに。

火を使わず、目を離していても温度管理をしてくれるので、リモートワークをしている合間やくつろぎの時間に〝ながら〟で使っても安心。これは、いまの時代のライフスタイルにぴったりではないでしょうか。
なにしろ、低温調理の仕込み時間はすべて10分以内。仕上げもさっとできるメニューばかりです！
これでお店のような味が楽しめるのは、最高の贅沢。
手をかけずにおいしいおうちごはんを楽しんでください。

牛尾理恵

CONTENTS

Part 1

低温調理器で完璧な火入れと
やわらかさ！

MEAT
肉 recipe

同じ設定温度アイコン
のレシピなら、同時に
調理が可能♪

低温調理器が支持されるわけ

火入れがむずかしい料理でも、レストラン級のおいしさを味わえる！
と大人気の低温調理器。絶大なる支持を集める理由は、どこにあるのか見ていきましょう。

1 火を使わず、ほったらかしで 完璧な火入れができる！

ローストビーフやステーキなど火入れがむずかしい料理は、なかなか思うように仕上がらないことが多いもの。家庭のガス火やオーブンではレストランとは火力も違い、テクニックも必要になるため、焦げてかたくなってしまったり、生っぽくなってしまったり。ベストな火入れを簡単に実現できるのが低温調理器。なべに水を入れて低温調理器をセットし、温度と時間を設定してスイッチオン、あとはほったらかしでOK。湯を対流させながら、一定温度で食材を加熱できるから、均一に完璧な火入れができるのです。

2 低温調理しておけば、あとは焼くだけ。 仕上がりはレストラン級！

低温調理は食材を一定の温度の湯の中でじっくり加熱するから、中心まで均一に火が入ります。鶏むね肉やまぐろは低温調理するだけで、サラダチキンや自家製ツナに。そのしっとり感は感動モノです。そのままさまざまな料理にアレンジできます。牛肉や豚肉、ラム肉なども、低温調理しておき、あとは焼いたり、揚げたりすれば、まるでレストランで味わうような仕上がりに！　低温調理器を下ごしらえに使うことで、ぐんとおいしくなるのです。

∃ 少ない調味料でも 味がよくしみ込む

下味をつけた食材を保存袋に入れ、空気を抜いて密閉状態で低温調理することで、食材のうまみや風味をとじ込め、味を均一にしみ込ませます。塩などのシンプルな調味料はもちろん、煮魚や煮豚などのように調味液を加えて加熱するときも、少ない量で味がしっかりしみ込むのもうれしいところ。ふつうの煮物よりしっとりと仕上がるうえ、味のムラもなく、うまみたっぷりで極上のおいしさに。

４ 同じ設定温度のものなら まとめて調理できて便利

低温調理器の特徴として注目したいのが、設定温度が同じ料理なら、数種類をまとめて加熱できるという点。もちろん同じ料理を一気に作ることもできます。洗い物が少ないのもうれしいですね。設定温度が同じでも時間が違うもの同士を加熱する場合、キッチンタイマーなどを併用しましょう。おうちでごちそう料理を作るときや、週末にまとめて作って冷蔵保存しておくのもおすすめです。

５ ヘルシーで美容にいい！ アスリート食にも

アスリートのたんぱく質補給にぴったりの赤身肉。低脂肪＆高たんぱく、鉄分が豊富で、糖質はほぼゼロなので、とにかくヘルシー！　赤身肉はかたくパサつきがちですが、低温調理ならしっとりやわらかく仕上げることができます。低コストの輸入牛肉でもとにかくおいしい！たんぱく質はできるだけ食事からとりたいというアスリートにとって、低温調理器は強い味方に。

低温調理器の使い方の基本

低温調理器を実際に使う前に、使い方の基本をマスターしましょう。
基本的にどのレシピでも使い方は同じです。一連の流れを押さえて低温調理を楽しんで。

👍p.18のローストビーフでやってみよう

牛かたまり肉を使ったローストビーフを低温調理で作ってみましょう。
空気の抜き方や低温調理器のセット方法などをマスターして。

1 肉の下処理をする

牛肉は全体に塩をまぶして下味をつけます。一般的にかたまり肉の調理は常温にもどすことが多いのですが、低温調理器の場合は、冷蔵室からとり出したら、菌の繁殖を防ぐため、すぐに全体に下味をつけて調理するのが鉄則。鶏肉などは余分な脂身や筋などを除く下処理を忘れずに。

2 袋に入れ、口を途中までとじる

 →

ファスナーつき保存袋に下味をつけた牛肉を入れます。袋の口の部分を外側に2回ほど折っておくと、入れやすくなります。

折った部分をもとに戻し、ファスナーを2/3まで閉めます。こうすると空気を抜きやすく、閉めるのもラクになります。

⟫ 3 空気を抜いてとじる

抜き方1 折りながら

食材ごと袋を折りながら空気を抜きます。ここでできるだけ真空状態に近づけるのが成功の秘訣。味のしみ込みにも影響するので、ていねいに。

抜き方2 水の中に沈める

水の中に沈めて水圧で空気を抜いたら、残りのファスナーを、水が入らないようにしっかり閉めます。

抜き方3 ストローで

空気が抜けないときは、ストローがあると便利。ストローを袋の口に浅くさし込み、ギリギリまでファスナーを閉めて空気を吸い出します。ストローを深くさすと、肉汁などを吸引するおそれがあるので注意して。

✎ MEMO

鶏ささ身など 小さい肉の場合

細くて小さめのささ身を袋に入れるときは、かたまり肉とは方法が異なります。覚えておくと便利なテクニックです。

 →  →

袋にささ身を入れ、ファスナーを途中まで閉め、重ならないようにして平らにならしていきます。

袋の底から口のほうにくるくると巻いていきながら、空気を抜きます。

最後まで巻いたら、空気がしっかり抜けたかどうかを確認し、残りのファスナーを閉めて完成です。

4 低温調理器をセットする

深型のなべや専用コンテナに水を張り、低温調理器をセットします。温度と時間を設定してスイッチを入れます。

加熱している間はサーキュレーターで湯を対流させることで、なべの湯温を一定にキープしてくれます。

5 肉を 袋ごと入れる

設定温度になったら、湯の中に袋ごと食材を入れます。ここで空気が抜けていないと、浮いてしまう原因に。かたまり肉は底に沈みやすいのでそのままでもOKですが、軽量の肉や魚などの場合は鍋に固定を。あとはフライパンで、各面30秒ずつ焼きつけて完成。

あとはほったらかしでOK！

MEMO

浮いてきたら クリップと皿で押さえて

軽量の肉や魚などは、湯の対流によって浮いてきてしまいがち。そんなときは、クリップでなべのふちにとめましょう。それでも気になる場合は、袋の上に皿を逆さにしてかぶせるなどして沈めるのがおすすめです。

低温調理器と道具のこと

調理を始める前に知っておきたい低温調理器のこと。これから低温調理器を買う人や最近買ったという人も参考に。道具は用意しておくと便利なものを紹介します。

低温調理器

本格的においしい料理を作ってみたい！という人におすすめの低温調理器。種類や選ぶときのポイントを押さえて。

スティック型がメインでコの字型も

低温調理器の主流は、スティック型。場所をとらず、収納しやすくて便利。コの字型で安定性のあるタイプも出ています。選ぶときは、温度をこまかく設定できるか、パワーがどれくらいかなどをチェックしましょう。また、スマートフォンアプリ対応のものもあります。メーカーや機種によって最高温度や水流の強さが違うので、特徴をつかみましょう。

BONIQ
（BNQ-10ミスティホワイト）

アイリスオーヤマ
（LTC-01）

BEGALO JAPAN
（SOUS VIDE Cooker）

BONIQ
（BNQ-10 ヘイズブラック）

貝印
（DK5129）

あると便利な道具

低温調理をする際に用意しておきたい道具をご紹介。最初にそろえておくと調理がスムーズに進みます。

ファスナーつき保存袋

耐熱温度が高くて密閉性のある、厚みのあるポリ袋がベスト。ファスナーつきなら汁もれを予防。食材に合ったサイズを。

トング

湯に袋ごと食材を入れてから、浮いてくるのを押さえたり、袋を引き上げる際にあると便利。

なべ敷き

低温調理とはいえ、60〜70度での長時間の調理で、なべの底はかなり熱い状態に。なべ敷きがあると便利。

クリップ

お湯の対流で袋が動かないよう、クリップを使ってなべに固定して。事務用品のダブルクリップがおすすめ。

深なべ、コンテナ

ヒーター部分が湯につかる深さのあるなべなどを用意。専用のコンテナ（写真右）も市販されている。

設定温度の違いで
理想の火入れをめざす

低温調理の醍醐味といえば、設定温度と時間をセットするだけで絶妙な火入れができること。ステーキを焼くときの中心温度の目安として、レア（50〜55度）、ミディアムレア（60〜65度）、ウェルダン（約70度）がありますが、実際にフライパン調理で実現しようとしても至難の業です。その点、低温調理なら簡単に絶妙な火入れができます。あとは両面を香ばしく焼けば完成です。

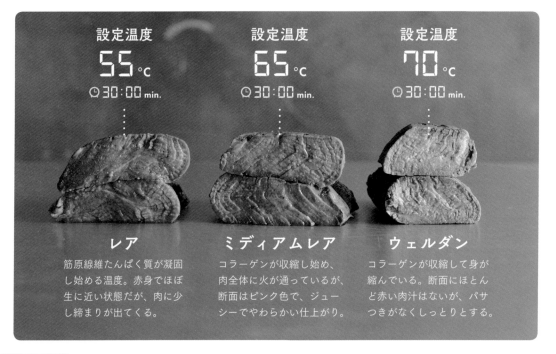

レア
筋原線維たんぱく質が凝固し始める温度。赤身でほぼ生に近い状態だが、肉に少し締まりが出てくる。

ミディアムレア
コラーゲンが収縮し始め、肉全体に火が通っているが、断面はピンク色で、ジューシーでやわらかい仕上がり。

ウェルダン
コラーゲンが収縮して身が縮んでいる。断面にほとんど赤い肉汁はないが、パサつきがなくしっとりとする。

MEMO

ドリップのこと

肉や魚介を低温調理するとドリップがたっぷり出てきます。この正体は血ではなく、低温調理によって食材から出てくる汁のこと。肉の場合、表面を焼きつけていない分、60〜65度はちょうどコラーゲンの収縮が始まるため、肉汁が出やすくなるのです。ですから、ドリップをそのまま捨ててしまうのはもったいない！　ドリップはソースなどに利用して、食材のうまみをまるごと味わいましょう。

絶対失敗しないために 押さえておきたい注意点

低温調理でいちばん大切なポイントは衛生管理。生の食材を低温で加熱するため 有害な菌の殺菌が十分にできない可能性があります。以下のポイントを守りましょう。

1 道具と手を 清潔に保つ

食材に菌がふえる原因は外部要因にあることが多いので、調理するときは手指をまめに洗い、食材には直接ふれないのがベスト。ポリエチレンの手袋があると便利です。また、まないたや包丁、バット、ふきんなども常に清潔な状態を保ちましょう。

2 鮮度のよい 食材を使う

新鮮な食材を扱っているお店で購入することも大切なポイント。また、冷蔵室から出したら、すぐに使うこと。常温に放置すると、その時点で菌が繁殖してしまい、低温調理によってさらに増殖し、食中毒の原因になる可能性もあるので要注意。

3 正しい 加熱方法を守る

低温調理器を使うとき、レシピの加熱温度と時間を守りましょう。間違うと菌が繁殖しやすくなり、食中毒の危険性も出てきます。使い方の基本をしっかりと読んで、理解してから調理すること。水の量が足りなかったり、袋が浮いたまま加熱するなどはNGです。

4 温度と時間は 必ず守る

本書のレシピには、その食材を安全においしく食べるための設定温度と時間を表示しています。食肉に関しては、厚生労働省の規定では中心温度63度で30分加熱することを基準としています。これより設定温度が低いレシピは加熱時間を長くしています。

MEMO

食材の温度設定の目安

本書で紹介している肉、魚介、卵、発酵食のレシピの設定温度の目安を表にまとめました。だいたいの目安を覚えておくと、アレンジしやすくなります。また、あくまでも低温調理の温度と時間は目安。部位によっても変わります。食感の好みも考えあわせ、温度と時間を適宜調整してください。

肉	60〜65度
スペアリブ	80度
魚介	45〜70度
卵	65度
カスタードクリーム	94度
ヨーグルト	40〜43度
麹	55度

低温調理器で完璧な火入れと
やわらかさ！

素材別 recipe

MEAT

低温調理器のすごさを感じたいなら断然、肉料理！
なべにセットしてそのままほうっておくだけで
肉は驚くほどやわらかく、しっとりと仕上がります。
難易度の高いステーキ、ローストビーフ、牛タンなどの料理も
低温調理器があればレストラン級のおいしさに。

低温調理器だからこその完璧な火入れ。

絶妙なやわらかさに感動します。

切り分けたあとの断面も美しい！

> 65度を30分でレア〜ミディアムレアくらい。45分でミディアムレア〜ミディアムくらいです。お好みで時間をかげんして。

🌡️ **65.0** °C

⏱️ 30:00 min.

ナイフがスッと入る
厚切りステーキ

材料（2人分）

牛ヒレ肉（または牛もも肉）…2枚
　（1枚150g、2.5cm厚さくらいのもの）
塩、こしょう…各少々
にんにく…1かけ
サラダ油…大さじ1

●ソース
A ┌ 赤ワイン…大さじ1
　│ みりん…大さじ1
　└ しょうゆ…大さじ1

●つけ合わせ
エリンギ…1本
グリーンアスパラガス…4本
パプリカ（赤）…1/2個

牛肉は下味をつけず、袋に入れて。

作り方

低温調理

1. 牛肉は保存袋に入れて空気を抜き、口をとじる。
2. 低温調理器を65度で30分にセットし、1を沈めて加熱する。

焼く

3. 2の汁けをきり、塩、こしょうを振る。
4. フライパンでサラダ油、薄切りにしたにんにくを中火で熱し、にんにくに焼き色がついたらとり出す。
5. フライパンを強火で熱し、残った油で3を両面30秒ずつ焼いて器に盛る。食べやすく切ったエリンギ、アスパラガス、パプリカをフライパンで焼いて添える。
6. フライパンに残った肉汁にAを加え、ひと煮立ちさせてとろりとするまで加熱し、牛肉にかける。

ARRANGE 薬味たっぷり和風ステーキ

材料（2人分）

低温調理ずみの牛ヒレ肉…2枚
みょうが…1個
青じそ…3枚
しょうが…1かけ
貝割れ菜…10g
三つ葉…10g
にんにくの薄切り…1かけ分
A ┌ しょうゆ、みりん…各小さじ2
　└ ねりわさび…小さじ1/4
ごま油（あれば太白ごま油）…大さじ1

作り方

1. 青じそ、みょうが、しょうがはせん切りにする。貝割れ菜、三つ葉は根元を切り落とし、3cm長さに切る。合わせて冷水にさっとさらし、水けをしっかりときる。
2. フライパンにごま油、にんにくを入れて熱し、にんにくに焼き色がついたらとり出す。フライパンを強火で熱し、残った油で汁けをきった牛ヒレ肉を両面30秒ずつ焼いてとり出す。火を止め、まぜ合わせたAを入れて余熱で火を通す。
3. 牛肉を食べやすく切って器に盛り、1をのせて2のにんにくを散らし、2の焼き汁をかける。

ステーキをとり出したフライパンにごはん適量を入れ、とり出したガーリックチップを砕いて加え、いため合わせてガーリックライスに。好みでこしょうやしょうゆで調味しても。

かたまり肉こそ低温調理向き。

かたくなりがちな赤身の牛もも肉も

しっとりやわらかくておいしい！

しっとり
ローストビーフ

牛肉400gなら2時間で
OK。また、レアがお好
みであれば500gでも2
時間でOK。

60.0℃

⏰3.00ｈ

材料（作りやすい分量）

牛ももかたまり肉…500g
塩、こしょう…各適量
サラダ油…大さじ1

●つけ合わせ
マッシュポテト（p.23）…適量
クレソン…適量

●ソース
好みのソース（p.22）…適量

つけ合わせ、ソースのバリエはp.20〜23

👍SET

牛肉の重量に対し
て1％の塩をすり
込み、袋に入れて。

作り方

低温調理

1 牛肉は重量に対して1％の塩をすり込む
（今回は5g）。保存袋に入れて空気を抜き、
口をとじる。

2 低温調理器を60度で3時間にセットし、1
を沈めて加熱する。

焼く

3 2の汁けをきり、フライパンにサラダ油を
強火で熱し、各面30秒ずつ焼く。

4 食べやすく切って器に盛り、マッシュポテ
ト、クレソン、好みのソースを添える。

📍POINT

外国産のかたまり肉でも驚くほどし
っとりやわらかく仕上がるのが、低
温調理の腕の見せどころ。お財布に
もやさしいので、気軽に挑戦してく
ださい。

＊材料と作り方はp.22〜23

ソース＆つけ合わせチョイス

ステーキやローストビーフなどの肉料理に
たっぷり添えて、さらにおいしく華やかに。

和風ゆずこしょう
ソース

オニオン
グレイビー
ソース

りんごソース

マッシュポテト

クリーム
スピナッチ

フライドポテト

きのこのマリネ

肉のうまみと玉ねぎの
甘みを合わせて

オニオン
グレイビーソース

材料（作りやすい分量）

玉ねぎ…1/2個
にんにく…1 かけ
ドリップ（p.12）…大さじ 2
A
- 赤ワイン…大さじ 3
- トマトジュース（無塩）
  …大さじ 2
- しょうゆ…大さじ 3
- はちみつ…大さじ 1

作り方

1. 玉ねぎ、にんにくはすりおろす。
2. ローストビーフを焼いたフライパンを中火で熱し、残った油で1 を 1 分ほどいためる。
3. A、ドリップを加え、2 分ほど煮る。

ローストビーフを引き立てる
シンプルなソース

和風ゆずこしょう
ソース

材料（作りやすい分量）

酒…大さじ 1
みりん…大さじ 1
A
- しょうゆ…大さじ 1
- 砂糖…小さじ 1
- 削り節…2g
ゆずこしょう…小さじ1/4

作り方

1. ローストビーフを焼いたフライパンを中火で熱し、酒、みりんを入れてひと煮立ちさせる。
2. A を加えて火を止め、1 分ほどおいてから茶こしなどでこし、ゆずこしょうとまぜ合わせる。

すりおろしたりんごに
バルサミコ酢を合わせて

りんごソース

材料（作りやすい分量）

りんご…1/4個
玉ねぎ…1/4個
にんにく…1 かけ
ドリップ（p.12）…大さじ 2
A
- バルサミコ酢…大さじ 2
- しょうゆ…大さじ 1 と1/2
- 白ワイン…大さじ 1

作り方

1. りんご、玉ねぎ、にんにくはすりおろす。
2. ローストビーフを焼いたフライパンを中火で熱し、残った油で1 を 1 分ほどいためる。
3. A、ドリップを加え、2 分ほど煮る。

おなかを満たしてくれる
定番のサイドメニュー

マッシュポテト

材料（2〜4人分）

じゃがいも（男爵いも）…300g
ローリエ…1枚
牛乳…50㎖
生クリーム…50㎖
- A
  - バター…10g
  - 塩…小さじ1/4
  - こしょう…少々

作り方

1. じゃがいもは一口大に切り、なべに入れてひたひたの水、ローリエを加える。強火にかけ、煮立ったら中火で10分ほどゆでる。
2. 水分を捨て、ローリエを除く。
3. 弱火にかけながらマッシャーやすりこ木などよくつぶし、なめらかになったら牛乳、生クリームを少しずつ加えながらときのばし、Aで調味する。

こってりとしたメイン料理に
添えたい酸味のある副菜

きのこのマリネ

材料（2人分）

エリンギ…1本
しいたけ…3個
しめじ…50g
にんにく…1かけ
オリーブ油…大さじ3

- A
  - 白ワインビネガー…小さじ1
  - レモンのしぼり汁…小さじ1
  - 塩…小さじ1/4
  - こしょう…少々

ミニトマト…6個
パセリのみじん切り…小さじ2

作り方

1. エリンギ、しいたけは薄切り、しめじは石づきを切り落としてほぐす。
2. フライパンでオリーブ油、薄切りにしたにんにくを中火で熱し、香りが立ったら1を加えていためる。きのこがしんなりしたら火を止める。
3. ボウルに2、A、半分に切ったミニトマト、パセリを入れてまぜ、冷まして味をなじませる。

ほうれんそうに
濃厚な味つけがよく合う！

クリーム
スピナッチ

材料（2〜4人分）

ほうれんそう…200g
バター…30g
にんにくのすりおろし
　…1/2かけ分

薄力粉…大さじ3
牛乳…150㎖
塩…小さじ1/4
こしょう…少々

作り方

1. ほうれんそうは熱湯で1分ほどゆで、水けをきってしぼり、2cm長さに切る。
2. フライパンでバター、にんにくを中火で熱し、バターがとけてにんにくの香りが立ったら1を入れていためる。全体に油がなじんだら、薄力粉を振り入れていため合わせる。
3. 牛乳を少しずつ加えてなじませ、塩、こしょうで味をととのえる。

皮つきポテトは
見栄えがよく、食べごたえも◎

フライドポテト

材料（2人分）

じゃがいも…250g
- A
  - かたくり粉…小さじ2
  - 薄力粉…小さじ1

揚げ油…適量
塩…小さじ1/4
こしょう…少々

作り方

1. じゃがいもは皮つきのまま拍子木切りにし、水に1時間ほどつける。
2. ポリ袋にAを入れ、水けをしっかりきった1を加えてシャカシャカ振る。
3. 170度に熱した揚げ油で8分ほど揚げ、カリッとしたら油をきる。
4. 熱いうちに塩、こしょうを振る。

23

濃厚なうまみを存分に味わえる厚切り牛タンは
低温調理なら簡単にやわらかくなります。
低温調理したら、ステーキやシチューで堪能して。

65.0℃
🕐3.00h

ほおばりたい
厚切り牛タン

材料（4人分）

牛タンかたまり肉…500g
塩…5g
こしょう…少々

👍SET

塩、こしょうをすり
込んで袋に入れ、し
っかり真空状態に。

作り方

低温調理

1 牛タンは塩、こしょうをすり込み、保存袋に入れて空気を抜き、口をとじる。
2 低温調理器を65度で3時間にセットし、1を沈めて加熱する。

ARRANGE 1　## 牛タンステーキ レモンソース

材料（4人分）

低温調理ずみの牛タン…500g
にんにくの薄切り…2かけ分
A[レモン汁、みりん
　　…各大さじ2
　 塩…小さじ1/2]
スナップえんどう…200g
サラダ油…大さじ2

作り方

1 フライパンでサラダ油、にんにくを弱火で熱し、にんにくに焼き色がついたらとり出す。
2 フライパンに残った油を強火で熱し、汁けをきって2cm厚さに切った牛タンを入れて両面30秒ずつ焼く。フライパンのあいたスペースで筋を除いたスナップえんどうをいためる。
3 牛タン、スナップえんどうをとり出して火を止め、Aを加えて余熱で火を通す。
4 器に牛タン、スナップえんどう、1を盛り、3の焼き汁をかける。

ARRANGE 2　## 牛タンシチュー

材料（4人分）

低温調理ずみの牛タン…500g
バター、薄力粉…各40g
ローリエ…2枚
A[赤ワイン…40g
　 中濃ソース…大さじ2
　 トマトケチャップ…大さじ6
　 水…500ml]
ドリップ（p.12）…大さじ6
塩、こしょう…各少々
生クリーム…適量
ブロッコリーの塩ゆで…300g

作り方

1 フライパンを弱火で熱してバターをとかし、薄力粉を加えてじっくりといためる。茶色くなったらローリエを加え、まぜ合わせたAを少しずつ加えながらときのばす。ドリップを加え、2/3量になるまで中火で5分ほど煮詰め、塩、こしょうで味をととのえる。
2 汁けをきって1.5cm厚さに切った牛タンを加え、さっとあたためる。器にブロッコリーとともに盛り、生クリームをかける。

牛タンステーキ
レモンソース

牛タンシチュー

低温調理器で作る煮豚は
パサつきがちなもも肉でも
しっとりやわらかくヘルシーです。

煮込まない
煮豚

低温で作る場合は、
肉500gで65度で4時間に
セットしましょう。

60.0℃

🕐4.00h

材料（作りやすい分量）

豚ももかたまり肉…500g
酒…50㎖
みりん…50㎖

A
しょうゆ…50㎖
はちみつ…大さじ1
にんにく…1かけ（半分に切る）
しょうがの薄切り…1かけ分
赤とうがらし…1本
八角…1個
クローブ…3粒

作り方

低温調理

1 なべに酒、みりんを入れてひと煮立ちさせ、Aを加えてまぜる。
2 保存袋に豚肉、1を入れて空気を抜き、口をとじる。
3 低温調理器を60度で4時間にセットし、2を沈めて加熱する。

仕上げ

4 豚肉をとり出し、中火で熱したフライパンにドリップ（p.12）を入れ、半量くらいになるまで煮詰める。

SET

調味液といっしょに豚肉を入れて味をなじませて。

POINT

ドリップだけをフライパンに入れ、半量くらいまで煮詰めて濃厚に仕上げるのがコツ。

ARRANGE

煮豚のまぜごはん

材料（2人分）と作り方

1 低温調理ずみの煮豚100gは角切りにし、ドリップ大さじ1をからめる。味つきザーサイ20gはあらく刻み、ねぎ10gは縦半分に切ってから斜め薄切りにする。香菜10gは3㎝長さのざく切りにする。
2 ごはん300gに1を加えてさっとまぜる。

アメリカ南部のバーベキュー料理も
低温調理で簡単に再現！
ほぐれるやわらかさでやみつきに！

ほどける
プルドポーク

🌡
65.0℃
⏱2.00h

材料（4人分）

豚ヒレかたまり肉…400g
塩…小さじ1/2
こしょう…少々
A［ パプリカパウダー…小さじ1
　 チリパウダー…小さじ1/2
　 クミンパウダー…小さじ1/4 ］
玉ねぎのすりおろし…1/4個分
にんにくのすりおろし…1かけ分
赤ワイン…大さじ2
サラダ油…大さじ1

●ソース
ドリップ（p.12）…大さじ4
B［ とんカツソース
　　…大さじ2
　 トマトケチャップ
　　…大さじ3
　 マスタード…小さじ1 ］

👍SET

大きなかたまり肉
も袋に入るサイズ
に切ればOK。

作り方

低温調理

1 豚肉は保存袋に入る長さに切り、塩、こしょうをすり込んで保存袋に入れる。

2 玉ねぎ、にんにく、Aを加える。耐熱ボウルに赤ワインを入れ、電子レンジで30秒加熱してから加える。

3 低温調理器を65度で2時間にセットし、2を沈めて加熱する。

焼く

4 3の汁けをきり、フライパンにサラダ油を中火で熱し、両面1分ずつ焼く。

5 豚肉をとり出し、ドリップ、Bを加えて1分ほど煮詰める。

6 豚肉をほぐして器に盛り、5をかけて好みでサニーレタスを添える。

ARRANGE

トルティーヤで食べるファヒータ風

材料（作りやすい分量）

低温調理ずみのプルドポーク…半量
A［ 薄力粉…150g
　 強力粉…50g
　 オリーブ油…大さじ3
　 塩…小さじ1/2
　 水…100mℓ ］
ソース（上記）…適量
レタスのせん切り…120g
トマトの角切り、アボカドの角切り
…各1個分
シュレッドチーズ…40g

作り方

1 ボウルにAを入れ、5分ほどよくこねる。しっかりとまとまったら、丸めてラップをかけ、30分ほど寝かせる。

2 プルドポークは汁けをきり、ほぐしてソースをからめる。

3 1を4等分し、打ち粉（分量外）をしながらめん棒で薄くのばす。

4 フライパンを中火で熱し、3を焼き色がつくまで両面1～2分ずつ焼く。

5 4に野菜、2、シュレッドチーズをのせ、包んで食べる。

しっとりやわらかいうえに
豚肉のうまみが濃くておいしい！
サンドイッチやサラダにもおすすめ。

うまみたっぷり
豚ヒレハム

60.0℃
○2.00h

材料（作りやすい分量）

豚ヒレ肉…400g

A
- 塩…4g
- こしょう…少々
- 砂糖…小さじ1/3
- ドライハーブミックス…小さじ1

SET
ドライハーブは全体にまんべんなくまぶして。

作り方

低温調理

1. 豚肉は保存袋に入る長さに切ってAをまぶし、保存袋に入れて空気を抜き、口をとじる。
2. 低温調理器を60度で2時間にセットし、1を沈めて加熱する。

仕上げ

3. 冷めたら汁けをきって食べやすく切り、器に盛る。好みでイタリアンパセリやチャービルなどを添える。

POINT

このレシピは、肉の分量に対して塩を1％にしていますが、お好みで塩の分量をふやしてもOK。このように塩かげんを楽しめるのも自家製ならではです。

低温調理をしてそのまま食べるのも
おいしいですが、ごま油、ねぎといっしょにこんがり焼いて、
さらに深みのある味わいに仕上げましょう。

骨離れほろり
中華風スペアリブ

材料（2〜3人分）

豚スペアリブ…600g
塩…小さじ1/4
こしょう…少々
A[酒…大さじ1
  みりん…大さじ1]
B[オイスターソース…大さじ1
  しょうゆ…大さじ1
  はちみつ…大さじ1/2
  豆鼓（トウチ）のみじん切り…大さじ1/2]
ねぎ…1本
ドリップ（p.12）…全量
ごま油…大さじ1

作り方

低温調理

1. 豚肉は塩、こしょうを振る。耐熱ボウルに
   Aを入れ、電子レンジで30秒加熱してか
   らBを加えてまぜる。
2. 保存袋に1を入れて空気を抜き、口をとじ
   る。
3. 低温調理器を80度で2時間にセットし、2
   を沈めて加熱する。

焼く

4. フライパンにごま油を中火で熱し、汁けを
   きった3、3〜4cm長さに切ったねぎを入
   れてこんがりと焼き、ドリップを加えてさ
   っと煮からめる。

SET

真空になるよう、
ていねいに空気を
抜いてから口をと
じて。

POINT

酒やみりんなどは、袋に入れる前に
電子レンジでアルコール分をとばす
のがコツ。

BBQスペアリブに
したいときは
p.54のBBQソースとともに
低温調理器にかけて

豚かたまり肉に下味をつけて
ハーブが香る、しっとりローストポークに。
脂身をしっかり焼きつけるのがコツ。

ジューシー
ローストポーク

60度3時間なら、もう少しピンク色のしっとりとした仕上がりに。

60.0 ℃

⏱ 4.00 h

材料（4〜6人分）

豚ロースかたまり肉…600g
塩…小さじ1
こしょう…少々
ローズマリー…1本
にんにく…1かけ
オリーブ油…大さじ1

● ソース
薄力粉…小さじ1
ドリップ（p.12）…全量
赤ワイン…50㎖

A ┌ 粒マスタード…小さじ1
　│ はちみつ…大さじ1/2
　│ 塩…少々
　└ こしょう…少々

● つけ合わせ
ペコロス…4〜6個
ヤングコーン…4〜6本
クレソン…適量

👍 SET

ローズマリーとにんにくはオリーブ油でなじませて。

作り方

低温調理

1 豚肉は塩、こしょう、ほぐしたローズマリー、すりおろしたにんにく、オリーブ油大さじ1/2をすり込む。保存袋に入れて空気を抜き、口をとじる。

2 低温調理器を60度で4時間にセットし、1を沈めて加熱する。

焼く

3 フライパンにオリーブ油大さじ1/2を強火で熱し、汁けをきった豚肉の脂身側を焼く。フライパンのあいたスペースでスライスしたペコロス、ヤングコーンを焼く。豚肉の脂身がこんがりとしたら、全面をさっと焼いてとり出す。

4 フライパンに残った脂で薄力粉をいため、脂がなじんだらドリップ、赤ワインを少しずつ加えながらときのばし、Aで調味する。

5 豚肉を食べやすく切って器に盛り、4をかけ、ペコロス、ヤングコーン、クレソンを添える。

📍 POINT

豚肉の脂身側を強火でこんがりと焼きつけたら、あとは全面をさっと焼いて。

とんカツ用肉にみそだれをもみ込んで

低温調理で極上のおいしさに。

分厚いとんカツも簡単においしく作れます。

味わい
豚のみそづけ焼き

材料（4人分）

豚ロース肉（とんかつ用）…4枚
塩…小さじ1/3
みりん…大さじ2
みそ…大さじ2
砂糖…小さじ1
サラダ油…大さじ1

●つけ合わせ
青じそ…適量

👍 SET

豚肉と調味料を入れてよくもみ込んで。

作り方

低温調理

1. 豚肉は筋を切り、塩を振る。耐熱ボウルにみりんを入れて電子レンジで30秒加熱し、みそ、砂糖を加えてまぜる。
2. 保存袋に1を入れてよくもみ込み、空気を抜いて口をとじる。
3. 低温調理器を60度で1時間にセットし、2を沈めて加熱する。

焼く

4. フライパンにサラダ油を中火で熱し、汁けをきった3を両面30秒ずつ焼く。
5. 食べやすく切って器に盛り、青じそを添える。

ARRANGE

みそカツ
サンド

材料と作り方（2人分）

1. ボウルにとき卵1個分、薄力粉大さじ4、牛乳大さじ1/2を入れてよくまぜ合わせる。
2. 低温調理ずみで汁けをきった豚のみそづけ焼き2枚に1、パン粉適量を順にまぶす。
3. きゅうり2本は小口切りにし、塩小さじ1/2を振って塩もみにする。10分ほどおいて水分が出てきたら、しっかりとしぼる。
4. フライパンにサラダ油を5mm深さほど入れて中火で熱し、2を揚げ焼きにする。両面がこんがりとしたらとり出す。
5. 8枚切り食パン4枚はお好みでトーストし、バター10g、マスタード小さじ1をぬり、3、4をのせてはさみ、半分に切る。

蒸し鶏なら低温調理の出番。
全体に均一な火入れで、ムラなく
絶妙なしっとりとした食感に。

やわらかジューシー
蒸し鶏

60.0°c
⏱2.00h

材料（作りやすい分量）

鶏むね肉（皮なし）…1枚（300g）
塩…小さじ1/2
酒…大さじ1
しょうが…1かけ
ねぎの青い部分…1本分

鶏肉に皮がついて
いる場合は除いて。

作り方

低温調理

1 耐熱ボウルに酒を入れ、電子レンジで20
　秒加熱する。しょうがは薄切りにする。

2 鶏肉は塩をまぶし、保存袋に入れる。1、
　ねぎを加えて空気を抜き、口をとじる。

3 低温調理器を60度で2時間にセットし、2
　を沈めて加熱する。

POINT

ねぎの青い部分はくさみを消す効果
があるので、活用しましょう。

粉山椒やラー油をきかせた
ピリ辛だれがやみつき

よだれ鶏

材料（作りやすい分量）

低温調理ずみの蒸し鶏…1枚
ねぎ…5cm
しょうが…1/2かけ
にんにく…1/2かけ

A
粉山椒…小さじ1/4
しょうゆ…大さじ2
黒酢…大さじ1
ラー油…小さじ1
砂糖…小さじ1
ドリップ（p.12）…大さじ2

きゅうり…1本
糸とうがらし…適量

作り方

1. ねぎ、しょうが、にんにくはみじん切りにし、Aとまぜ合わせる。
2. きゅうりはピーラーで薄切りにして器に盛り、食べやすく切った蒸し鶏をのせ、1をかけて糸とうがらしを散らす。

ねりごまの甘めの濃厚だれと
ピーナッツの食感が◎

ガドガド風
ごまだれ

材料（作りやすい分量）

低温調理ずみの蒸し鶏…1枚

A
ねり白ごま…大さじ2
オイスターソース…大さじ1
しょうゆ…大さじ1
砂糖…小さじ2
赤とうがらしの小口切り
　…ひとつまみ
シナモンパウダー…少々
ドリップ（p.12）…大さじ2

赤玉ねぎ…1/2個
バターピーナッツ…20g
万能ねぎ…適量

作り方

1. Aはよくまぜ合わせる。
2. 器に薄切りにした赤玉ねぎを敷き、食べやすく切った蒸し鶏をのせ、1をかける。砕いたバターピーナッツ、小口切りにした万能ねぎを散らす。

フレッシュなトマトと香菜が
おいしいエスニックだれ

カレートマト
ナンプラー

材料（作りやすい分量）

低温調理ずみの蒸し鶏…1枚
トマト…100g
香菜…20g

A
カレー粉…小さじ1/2
ナンプラー…大さじ1と1/2
レモン汁…大さじ1
砂糖…小さじ1
ドリップ（p.12）…大さじ1

サニーレタス…適量

作り方

1. トマトは5mm角に、香菜は5mm長さに切り、Aとよくまぜ合わせる。
2. 器に食べやすくちぎったサニーレタスを敷き、食べやすく切った蒸し鶏を盛って1をかける。

低温調理のよさをダイレクトに感じる
鶏ささ身＆鶏むね肉は感動モノ。
アレンジしておいしく食べましょう。

究極にしっとり仕上がる
ささ身スティック＆
サラダチキン

鶏むね肉は60度で2
時間にセットして。

🌡

60.0°C

🕐 45:00 min.

材料（作りやすい分量）

鶏ささ身（または鶏むね肉）
　…6本（鶏むね肉なら1枚）
塩…適量

作り方

低温調理

1. ささ身は筋を除く。重量に対して1％の塩
   を振り、保存袋に入れて空気を抜き、口を
   とじる。
2. 低温調理器を60度で45分（鶏むね肉なら
   60度で2時間）にセットし、1を沈めて加
   熱する。

👍 SET

鶏ささ身

塩を振ったら重な
らないように袋に
入れて。

👍 SET

鶏むね肉

塩を振って袋に入
れ、空気を抜いて
口をとじて。

ARRANGE 1

アボカドの
わさびじょうゆタパス

材料（2人分）

低温調理ずみの鶏ささ身
　（または鶏むね肉）…2本
　（鶏むね肉なら100gまたは1/3枚）
アボカド…1/2個
しょうゆ…小さじ1
ねりわさび…小さじ1/2
こしょう…少々

作り方

1　鶏ささ身（または鶏むね肉）は汁
　けをきって食べやすく裂き、アボ
　カドはあらめにつぶす。

2　しょうゆ、わさびを加えてあえる。
　器に盛り、こしょうを振る。

春菊の韓国風サラダ

材料（2人分）

低温調理ずみの鶏ささ身…2本
葉を摘んだ春菊…50g
しらがねぎ…20g
A ┌ コチュジャン…大さじ1
  │ ごま油…小さじ2
  │ はちみつ…小さじ1
  │ しょうゆ…小さじ1
  └ 酢…小さじ1
すり白ごま…大さじ1

作り方

1 ささ身は汁けをきって食べやすく
  裂き、春菊、しらがねぎは冷水に
  さらしてシャキッとさせ、水けを
  しっかりときる。

2 ボウルにAを入れてよくまぜ合わ
  せ、1を加えてさっとあえる。

3 器に盛り、白ごまを振る。

ARRANGE 3

タブレ

材料（2人分）

低温調理ずみの鶏ささ身…2本
クスクス…40g
赤玉ねぎ、パプリカ（赤）…各1/4個
クレソン…30g
ブラックオリーブ（種なし）…30g

A ┌ オリーブ油……大さじ1
  │ レモン汁…大さじ1
  │ 塩…小さじ1/4
  └ こしょう…少々

作り方

1. ボウルにクスクス、熱湯40mlを入れ、アルミホイルをかぶせて10分ほど蒸らす。

2. ささ身は汁けをきって食べやすく裂く。赤玉ねぎ、パプリカは5mm角に切る。クレソンは1cm長さに切る。

3. 1に2、輪切りにしたブラックオリーブ、Aを加えてまぜる。

POINT

クスクス
世界最小のパスタは、
ゆでずに蒸して調理
します。

サラダチキンのバリエーション

鶏むね肉を使ったサラダチキンの味バリエ。
その日の気分で作ってストックするのも◎。

ハーブ

ハーブの香りがアクセント。
ワインといっしょに召し上がれ。

材料（作りやすい分量）

鶏むね肉（皮なし）…1枚（300g）
タイム、オレガノ…各2本
塩…小さじ1
　（鶏肉の重量の1.5%が目安）
こしょう…少々
にんにく…1/2かけ

味がなじむように
すり込んで。好みの
ハーブを使っても。

作り方

| 低温調理 |

1 タイム、オレガノはほぐしてからあらいみじん切りにする。鶏肉は塩、こしょう、すりおろしたにんにくをすり込む。保存袋に入れて空気を抜き、口をとじる。

2 低温調理器を60度で2時間にセットし、1を沈めて加熱する。

60.0°C
⏱2.00 h

タンドーリ

カレー風味のサラダチキン。
しっかり味でメインにも。

材料（作りやすい分量）

鶏むね肉（皮なし）…1枚300g
塩…小さじ1
　（鶏肉の重量の1.5%が目安）
こしょう…少々

A ┌ プレーンヨーグルト
　│ 　（できればカスピ海など
　│ 　酸味の少ないもの）…大さじ1
　└ カレー粉…小さじ1/2
にんにく…1/2かけ

よくもみ込んでか
ら、しっかり真空
状態に。

作り方

| 低温調理 |

1 鶏肉は塩、こしょうを振り、保存袋に入れる。A、すりおろしたにんにくを加えてよくもみ込み、空気を抜いて口をとじる。

2 低温調理器を60度で2時間にセットし、1を沈めて加熱する。

60.0°C
⏱2.00 h

くさみがまったくなく、なめらかで
濃厚な鶏レバー。まとめて低温調理
すれば、日々の鉄分補給にも。

濃厚なめらか
鶏レバー 〜サラダ仕立てに〜

生レバーに近い食感
が好みなら、63度で
45分がおすすめ。

65.0℃
⏱ 45:00 min.

材料（2〜4人分）

鶏レバー…200g

A
- オリーブ油、レモン汁
　…各大さじ1
- カレー粉…小さじ1/3
- 塩…小さじ1/2
- こしょう…少々

サニーレタス…2枚
カッテージチーズ…40g

👍 SET

袋に入れたら、で
きるだけ平らにな
らして。

作り方

低温調理

1　レバーは余分な脂身を除き、牛乳（分量外）に5分ほどつけてくさみを抜く。よく洗い、水けをふきとる。保存袋に入れて空気を抜き、口をとじる。

2　低温調理器を65度で45分にセットし、1を沈めて加熱する。

あえる

3　ボウルに汁けをきって食べやすく切った2、Aを入れてまぜる。ちぎったサニーレタス、カッテージチーズを加えてあえる。

ARRANGE

鶏レバーの黒酢いため

材料（２人分）

低温調理ずみの鶏レバー…200g
パプリカ（赤）…１個
ねぎ…1本
A［ 黒酢、しょうゆ…各大さじ1/2
　 砂糖…小さじ1
　 塩…小さじ1/4
　 こしょう…少々 ］
ごま油…大さじ1

作り方

1　パプリカ、ねぎは乱切りにする。
2　フライパンにごま油を中火で熱し、汁けをきって食べやすく切った1を2分ほどいため、汁けをきった鶏レバー、Aを加えてまぜる。

POINT

低温調理でやわらかくでき上がったレバーは、ごま油でさっといためるだけで一品完成です。

レバにらいためなどで使う豚レバーも
低温調理でなめらか&濃厚仕上げに。
あえ物やいため物などアレンジ自在。

レバ刺しみたいな
豚レバー

生レバーに近い食感
が好みなら、63度
で45分がおすすめ。

🌡

65.0℃

⏱ 45:00 min.

材料（2～4人分）

豚レバー（薄切り）…200g

下味をつけず、そ
のまま袋に入れて
空気を抜いて。

作り方

> **低温調理**

1. レバーはよく洗って水けをふきとる。保存袋に入れて空気を抜き、口をとじる。
2. 低温調理器を65度で45分にセットし、1を沈めて加熱する。

ARRANGE 1

豚レバーの
あえ物

材料（2～4人分）

低温調理ずみの豚レバー…200g
わけぎ…40g
A［いり白ごま…小さじ2
　ごま油…小さじ2
　塩…小さじ1/2
　こしょう…少々］

作り方

ボウルに汁けをきった豚レバー、小口切りにしたわけぎ、Aを入れてあえる。

ARRANGE 2

レバにら風
さっといため

材料（2人分）

低温調理ずみの豚レバー…200g
にら…50g
A［オイスターソース…小さじ2
　塩…小さじ1/3
　こしょう…少々］
ごま油…小さじ2

作り方

フライパンにごま油を中火で熱し、3cm長さに切ったにら、汁けをきった豚レバーを加えてさっといため、Aで調味する。

豚レバーの
あえ物

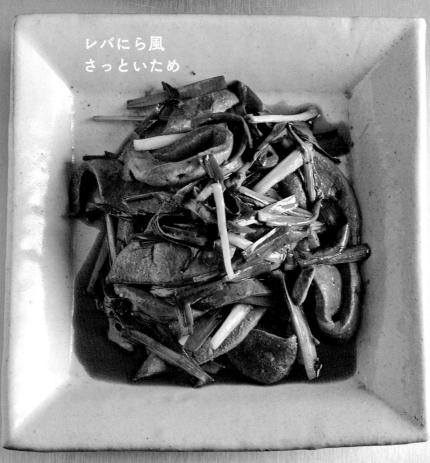

レバにら風
さっといため

ラム肉のおいしい焼き上がりの目安は
断面がローズ色になったころ。
低温調理なら失敗なく仕上がります。

うまみたっぷり！
やわらかラムステーキ

🌡 **60.0**℃

⏱ 45:00 min.

材料（2人分）

ラムもも肉…1枚
　（100g、2cm厚さくらいのもの）
塩、こしょう…各少々
オリーブ油…小さじ2
にんにく…1かけ

●**つけ合わせ**
ルッコラ…適量

●**ソース**
A［フレンチマスタード…大さじ1
　　クローブパウダー…小さじ1/4
岩塩…適量

作り方

低温調理

1 ラムは塩、こしょうをまぶし、保存袋に入れて空気を抜き、口をとじる。
2 低温調理器を60度で45分にセットし、1を沈めて加熱する。

焼　く

3 フライパンでオリーブ油、半分に切ったにんにくを強火で熱し、香りが立ってきたら汁けをきった2を両面30秒ずつ焼く。
4 器に盛り、ルッコラ、まぜ合わせたA、岩塩を添える。

👍 **SET**

塩、こしょうをまぶして袋に入れるだけ。

📍 **POINT**

低温調理がすんだあと、表面を強火でカリッと焼きつけるとうまみと風味がぐんと増します。まずは素材のうまみを引き出す岩塩でシンプルに味わって。

つけ合わせバリエ（p.23）
きのこのマリネやマッシュポテトなどお好みのつけ合わせを添えて、ワンプレートにしても。

火を通すのがむずかしい骨つき肉も
低温調理で均一に火入れが可能。
こってりうまいBBQソースが絶品です。

豚スペアリブを使って調理するときは、80度で2時間にセットして。

60.0℃

40:00 min.

口の中でジュワッと広がる
BBQラムチョップ

材料（2〜3人分）

ラムチョップ…4本
塩…小さじ1/4
こしょう…少々
ドライハーブミックス…小さじ1/2
玉ねぎ…1個
さやいんげん…50g
オリーブ油…小さじ4

●BBQソース

A{
トマトケチャップ…大さじ2
中濃ソース…小さじ1
しょうゆ…小さじ1
粒マスタード…小さじ1
はちみつ…小さじ1
白ワイン…大さじ1
ドリップ（p.12）…全量
}

作り方

低温調理

1 ラムチョップは塩、こしょう、ドライハーブをもみ込む。保存袋に入れて空気を抜き、口をとじる。

2 低温調理器を60度で40分にセットし、1を沈めて加熱する。

焼く

3 フライパンにオリーブ油小さじ2を強火で熱し、1cm厚さの輪切りにした玉ねぎ、へたを除いたいんげんを焼き、こんがりとしたらとり出す。

4 フライパンにオリーブ油小さじ2を足し、汁けをきった2を両面30秒ずつ焼く。まぜ合わせたAを加えてからめ、3を加えてさっとまぜる。

👍 SET

下味をつけたら、重ならないように並べて。

鴨ロースは低温調理しておけば
ピンク色でジューシーな仕上がりに。
おもてなしやおせちにおすすめです。

やわらか
鴨ロース

60.0℃
2.00h

材料（4人分）

鴨ロース肉…1枚
塩…小さじ1/4
こしょう…少々
昆布…5cm1枚

A
酒、しょうゆ、みりん…各大さじ2
酢…小さじ1
赤とうがらしの小口切り…ひとつまみ
にんにく…1/2かけ

ドリップ（p.12）…大さじ2
万能ねぎ…適量
サラダ油…大さじ1/2

👍 SET

切り込みを入れ、
こぶといっしょに
袋に入れて。

作り方

低温調理

1 鴨肉は皮目に3〜4本切り込みを入れ、塩、こしょうを振る。昆布は表面をさっと洗いながら水を含ませる。合わせて保存袋に入れ、空気を抜いて口をとじる。

2 低温調理器を60度で2時間にセットし、1 を沈めて加熱する。

焼 く

3 フライパンにサラダ油を薄く引いて強火で熱し、汁けをきった 2 を皮目を下にして入れる。1分ほど焼き、保存袋に戻し入れる。

4 フライパンに A、ドリップを入れてひと煮立ちさせ、3 に注いで3時間ほどおく。

5 器に食べやすく切った鴨肉を盛り、4 をかけ、小口切りにした万能ねぎを散らす。

📍 POINT

低温調理器を使えば、家庭でもかたまり肉を使った鴨料理が可能に。皮目をじっくり焼いて脂を出すのがポイント。スライスとは違うジューシーさを味わえます。

低温調理器で
パサつかずとろけるおいしさ

素材別 recipe

FISH

魚料理は身がかたくなったり、パサパサの食感になるなど
意外と火入れがむずかしいもの。低温調理器があれば
驚くほど身がしっとりやわらかく、とろけるおいしさに！
ミキュイや酔っぱらいえびなど半生で仕上げるレシピは特に絶品。
煮魚や焼き魚も衝撃の違いを感じるはず。

フランス語で半生を意味するミキュイは
絶妙な火かげんが必須。低温調理なら
簡単にレストランの味を味わえます。

とろける
サーモンのミキュイ

45.0 °c

⏱ 30:00 min.

材料（4人分）

サーモン（刺し身用）…400g
　（2cm厚さ2さく）
塩…小さじ1/2
こしょう…少々
オリーブ油…小さじ2
赤玉ねぎ、トマト…各1/4個
ズッキーニ…1/4本
ディル…4本
にんにく…1/2かけ
A ┌ オリーブ油、レモン汁…各小さじ2
　├ 塩…小さじ1/3
　└ こしょう…少々

オリーブ油を軽く
もみ込んでから真
空状態に。

作り方

> **低温調理**

1. サーモンは塩、こしょうを振り、保存袋に
入れる。オリーブ油を加えて軽くもみ込み、
空気を抜いて口をとじる。
2. 低温調理器を45度で30分にセットし、1
を沈めて加熱する。加熱が終わったら、袋
ごと氷水につけて冷やす。

> **あえる**

3. 赤玉ねぎ、トマト、ズッキーニ、ディル、
にんにくはあらいみじん切りにし、Aであ
える。
4. サーモンをとり出し、食べやすく切る。器に
盛り、3、好みでディルを添える。

> **📍 POINT**

サーモンは生食でも食べられる新鮮
な刺し身用を使いましょう。厚みも
ある程度あったほうが、おいしさを
味わえます。ミキュイは火かげんが
とてもむずかしい料理ですが、低温
調理器を使えば簡単に作れます。白
ワインのお供に。

塩とオリーブ油をもみ込んで
低温調理するだけで、驚くほど美味！
まとめて作ってアレンジを。

こだわりの
自家製ツナ

🌡️
60.0 ℃
⏱️ 1.00h

材料（作りやすい分量）

まぐろ赤身…400g（2cm厚さ2さく）
塩…小さじ1
オリーブ油…小さじ2

オリーブ油がなじ
むよう、2回に分
けてもみ込んで。

作り方

> **低温調理**

1. まぐろは塩を振り、保存袋に入れる。オリーブ油を小さじ1ずつ加えてそのつど軽くもみ込み、空気を抜いて口をとじる。
2. 低温調理器を60度で1時間にセットし、**1**を沈めて加熱する。

ARRANGE 1

自家製ツナのリエット

材料（作りやすい分量）

低温調理ずみのツナ…100g
クリームチーズ…100g
チャイブ…10g
バゲット（薄切り）…適量

作り方

1. クリームチーズは室温にもどす。チャイブは5mm長さに切る。
2. ボウルに汁けをきった**1**、ツナを入れ、ほぐしながらまぜ合わせる。
3. バゲットを軽くトーストし、**2**をのせる。

ARRANGE 2

自家製
ツナのサラダ

材料（2人分）

低温調理ずみのツナ
　　…好みの分量
ベビーリーフ、グリーンカール
　　など好みの野菜…100g
A ┌ オリーブ油、レモン汁
　　　…各小さじ1
　　└ 塩、こしょう…少々

作り方

1. 野菜は食べやすくちぎって冷水にさらし、シャキッとしたら水けをしっかりとる。
2. 器に盛り、汁けをきってほぐしたツナをのせ、まぜ合わせた**A**をかける。

自家製ツナの
リエット

自家製
ツナのサラダ

63

パサつきがちな赤身のかつおを
調味液といっしょに低温調理すれば
しっとり＆うまみアップの角煮が完成！

やわらかくよくしみた
かつおの角煮

65.0 ℃
⏱ 30:00 min.

材料（2〜4人分）

かつお…300g
酒、みりん、しょうゆ…各大さじ2
砂糖…大さじ1
しょうがのすりおろし…1/2かけ分
針しょうが…適量

調味液がまんべんなく行き渡るよう平らに。

作り方

低温調理

1 かつおは1.5〜2cm厚さに切る。耐熱ボウルに酒、みりんを入れ、電子レンジで1分加熱する。

2 保存袋に1、しょうゆ、砂糖、しょうがを入れ、空気を抜いて口をとじる。

3 低温調理器を65度で30分にセットし、2を沈めて加熱する。

仕上げ

4 器に盛り、針しょうがをのせる。

♀ POINT

かつおの生ぐささは加熱することで軽減。赤身の魚は加熱するとかたくなってパサついてしまいがちですが、低温調理ならしっとりとした仕上がりに。調味液と合わせてセットすれば、味もよくしみ込んでおいしくなります。

身のやわらかいめかじきが低温調理で
さらにしっとり&ふわふわに！
チーズをのせてこんがりと焼き上げて。

こんがりタンドーリ味
めかじきのチーズグリル

🌡️ **70.0** ℃

🕐 15:00 min.

めかじき…2切れ
塩…小さじ1/3
こしょう…少々
カレー粉…小さじ1/4
ピザ用チーズ…20g

●つけ合わせ
トマト…1個
ルッコラ…50g

👍 SET

塩、こしょう、カ
レー粉を振り、袋
に入れて真空状態
に。

低温調理

1. めかじきは塩、こしょう、カレー
   粉を振り、保存袋に入れて空気を
   抜き、口をとじる。
2. 低温調理器を70度で15分にセットし、1
   を沈めて加熱する。

焼く

3. 汁けをきった2にチーズを散らし、オーブ
   ントースターやオーブンで焼き色がつくま
   で焼く。輪切りにして塩少々（分量外）を
   振ったトマトをいっしょに焼く。
4. 器に盛り、ルッコラを添える。

調味液と合わせてセットするだけ！
ふっくら＆ほろりとしたやわらかな食感と
極上のおいしさに感動です。

70.0℃
⏱30:00 min.

箸でほろりとほぐれる
さわらの照り焼き風

材料（2人分）
さわら…2切れ
みりん…大さじ2
砂糖…大さじ1
しょうゆ…大さじ2
かたくり粉…小さじ2

かたくり粉が入るから、袋の口をとじる直前にもむのがポイント。

作り方

低温調理

① 耐熱ボウルにみりんを入れて電子レンジで50秒加熱し、砂糖、しょうゆ、かたくり粉を順に加えてまぜる。

② 保存袋にさわらを入れ、①を加えて空気を抜き、口をとじる。

③ 低温調理器を70度で30分にセットし、②を軽くもんでから沈めて加熱する。

仕上げ

④ 器に盛り、好みで青じそを添える。

マリネ液につけて低温調理すれば
フレッシュなあじのおいしさを味わえます。
ドリップのうまみでさらにおいしく。

しっとりとしみた
あじのマリネ

60.0 ℃

⏱6:00 min.

材料（2人分）

真あじ（刺し身用／三枚おろし）…4切れ
塩…小さじ1/3
こしょう…少々
A｜ 白ワインビネガー…50㎖
　｜ 砂糖…小さじ1/2
サラダ玉ねぎ…1/2個
パセリ…適量
ドリップ（p.12）…全量

👍SET

あじは刺し身用を
使い、味つけをし
たら保存袋に。

作り方

低温調理

1 あじは塩、こしょうを振り、保存袋にAと
　ともに入れて空気を抜き、口をとじる。
2 低温調理器を60度で6分にセットし、1を
　沈めて加熱する。加熱が終わったら、袋ご
　と氷水につけて冷やす。

仕上げ

3 サラダ玉ねぎは薄切り、パセリはみじん切
　りにする。
4 器にサラダ玉ねぎを敷いて2をのせ、ドリ
　ップをかけてパセリを散らす。

📍POINT

あじは三枚おろしになっている新鮮
な刺し身用を使えば、調理が簡単。
食中毒の心配を減らせるので、低温
調理に挑戦できます。半生ならでは
のおいしさを味わいましょう。

牛乳やバターと合わせて
セットしておくだけで一品完成！
ほろりとほぐれ、リッチなソースがからみます。

70.0 ℃

🕐 30:00 min.

マイルドな味わい
たらのミルクバター煮

材料（2人分）

生だら…2切れ
塩…適量
こしょう…少々
薄力粉…大さじ1
グリーンアスパラガス
　…4本
牛乳…100㎖
バター…20g

👍 SET

食材同士ができる
だけ重ならないよ
う袋に入れて。

作り方

低温調理

1　たらは塩少々を振って5分ほどおき、くさみを抜く。よく洗い、塩小さじ1/3、こしょうを振り、薄力粉をまぶす。アスパラガスは筋を除き、長さを3等分に切る。

2　保存袋に 1 、牛乳、バターを入れて空気を抜き、口をとじる。

3　低温調理器を70度で30分にセットし、2 を沈めて加熱する。

甘いたれがからんだみそ煮も
さばの脂がとろりとして絶品です。
まとめて作ってストックするのも◎。

70.0°c
⏱45:00 min.

とろりやわらか
さばのみそ煮

材料（2人分）

真さば…半身2切れ
塩…適量
酒…50㎖
みりん…50㎖
砂糖、しょうゆ…各大さじ2
みそ…大さじ3
しょうがの薄切り…1かけ分
●つけ合わせ
小松菜…200g

👍 SET

袋の空気を抜いて
口をとじ、平らに
ならして。

低温調理

1 さばは半分に切り、塩を振って5分ほどおき、くさみが抜けたらよく洗う。
2 耐熱ボウルに酒、みりんを入れ、電子レンジで1分30秒加熱する。砂糖、みそ、しょうゆ、しょうがを順に加えてまぜる。
3 保存袋に1、2を入れて空気を抜き、口をとじる。
4 低温調理器を70度で45分にセットし、3を沈めて加熱する。

仕上げ

5 小松菜は塩ゆでにし、水けをしぼってざく切りにする。
6 器に4を盛り、5を添える。

加熱すると縮みやすい牡蠣も
半生のプリプリ食感で濃厚な味わい。
パスタの具としてアレンジするのも◎。

とろりと濃厚な
牡蠣のコンフィ

材料（2〜4人分）

牡蠣（生食用）…250g
塩…適量
オリーブ油…大さじ1
チャービル…適量

👍 SET

牡蠣同士が重なら
ないよう、平らに
ならすのが◎。

作り方

低温調理

1. 牡蠣はよく洗い、キッチンペーパーで水け
   をしっかりと吸いとる。
2. 保存袋に 1 、牡蠣の重量に対して1%の塩
   （今回は2.5g）、オリーブ油を入れて軽く
   もみ込み、空気を抜いて口をとじる。
3. 低温調理器を70度で30分にセットし、 2
   を沈めて加熱する。

仕上げ

4. 器に盛り、チャービルを添える。

ARRANGE

牡蠣パスタ

材料（2人分）

低温調理ずみの牡蠣のコンフィ
　…全量
スパゲッティ…2人分（160g）
塩、こしょう…各適量
イタリアンパセリ…適量

作り方

塩を加えてゆでたスパゲッティと牡蠣を
合わせる。塩、こしょうで味をととのえ、
ざく切りにしたイタリアンパセリを散ら
す。

紹興酒を吸った
酔っぱらいえび

🌡 **70.0℃**

⏱ **10.00 min**

👍 SET

材料（作りやすい分量）

殻つき有頭えび（赤えび、
　車えびなどの生食用）…8尾
紹興酒…50㎖
砂糖…小さじ2
薄口しょうゆ…大さじ1

額角が袋を突き刺
すことがあるので、
切り落として。

作り方

低温調理

1. えびは背わたを除き、額角を切り落とす。
2. 耐熱ボウルに紹興酒を入れて電子レンジで1分加熱し、砂糖、しょうゆを加えてまぜる。
3. 保存袋に 1、2 を入れて空気を抜き、口をとじる。
4. 低温調理器を70度で10分にセットし、3 を沈めて加熱する。加熱が終わったら、袋のまま冷まして味をなじませる。

材料（作りやすい分量）

ししゃもの一夜干し…10尾
にんにく…1かけ
タイム…3本
こしょう…少々
オリーブ油…大さじ1
バゲット（薄切り）…適量

👍 SET

ししゃもは袋の中
で重ならないよう
に並べて。

しっとり
煮ほたて

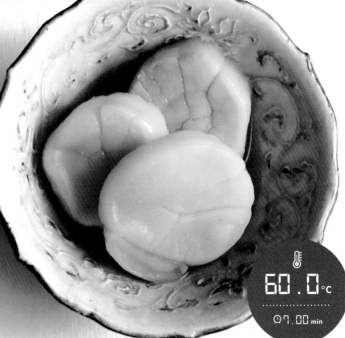

60.0°C
⏱7.00 min

想像以上の
おいしさ
ししゃもの
コンフィ

お好みで60度で
40分にしても0K。

70.0°C
⏱30.00 min

材料（作りやすい分量）

ほたて貝柱（刺し身用）…400g
酒…大さじ2
みりん、薄口しょうゆ…各大さじ1

👍 SET

低温調理後は、あ
たたかいままか冷
やしても◎。

作り方

低温調理

1️⃣ 保存袋にししゃも、薄切りにした
にんにく、ほぐしたタイム、こし
ょう、オリーブ油を入れて軽くも
み込み、空気を抜いて口をとじる。

2️⃣ 低温調理器を70度で30分セット
し、1️⃣を沈めて加熱する。

仕上げ

3️⃣ バゲットは軽くトーストし、2️⃣を
ほぐしてのせる。

作り方

低温調理

1️⃣ 耐熱ボウルに酒、みりんを入れ、電
子レンジで1分加熱する。

2️⃣ 保存袋にほたて、1️⃣、薄口しょうゆ
を入れて空気を抜き、口をとじる。

3️⃣ 低温調理器を60度で7分にセットし、
2️⃣を沈めて加熱する。

ふるふる卵recipe

低温調理器の使い方をマスターしたいなら
卵から始めてみるのがおすすめです。

温度管理のむずかしい温泉卵を作るなら
断然、低温調理器がおすすめ

温泉卵

材料（作りやすい分量）

卵…適量

作り方

[低温調理]

低温調理器を65度で30
分にセットし、卵を沈め
て加熱する。

65.0℃

30:00 min.

SET

水流でゴロゴロと転がるので、気に
なる場合はざるなどに入れて沈めて。

卵の加熱温度と変化

卵は、白身と黄身で固まる温度が違います。
設定温度を変えて、好みのかたさに仕上げてみても。

温泉卵

65.0℃
🕐 35:00 min.

白身はふるふるの状態で
形を保てない。黄身は半
熟状だが形を保っている。

かため

70.0℃
🕐 35:00 min.

ゆで卵に近い状態。白身
はほぼ固まり、黄身はか
たゆでの状態。

しっかり

80.0℃
🕐 35:00 min.

しっかりと火の通ったか
たゆで卵。黄身は薄い黄
色に変化している。

77

ARRANGE 1

とろとろエッグベネディクト

材料（2人分）

低温調理ずみの温泉卵（p.76）
…4個

A
- 卵黄…2個分
- 白ワインビネガー…小さじ2
- レモン汁…小さじ1
- 塩…小さじ1/4
- こしょう…少々
- 砂糖…ひとつまみ

バター…20g
マフィン…2個
ベーコン…2枚
ベビーリーフ（水にさらして水けをきる）…40g

作り方

1. 保存袋にAを入れてもみ込むようにしてよくまぜ、バターを加えて空気を抜き、口をとじる。65度の低温調理器に入れ、10秒ほどしたら引き上げてよくもむ。これを数回くり返してバターをとかす（温泉卵を作りながらソースを作ると一石二鳥）。
2. 厚さを半分に切ったマフィンに食べやすく切ったベーコンをのせてオーブントースターで焼き、ベビーリーフ、温泉卵1個をのせて1のソースをかける。

◉ POINT

エッグベネディクトに欠かせないオランデーズソースは、肉料理やグリーンアスパラガスにかけて食べるのもおすすめです。

ARRANGE 2

おからパウダーの
エッグスラット風

低温調理ずみの温泉卵（p.76）…2個

A ┌ おからパウダー、パルメザンチーズ
　　…各大さじ4
　└ 牛乳…70mℓ

バター…20g

厚切り食パン…2枚

1　耐熱容器にＡを入れてよくまぜ合わせ、バターをのせる。ラップをかけて電子レンジで2分加熱する。

2　1を等分して器に盛り、温泉卵1個をのせる。スティック状に切ってトーストしたパンを添える。

♀ POINT

おからパウダーはメーカーによって吸水性が異なるので、徐々に加えながらマッシュポテトくらいのやわらかさを目安にまぜます。

ふるふる卵recipe

ダマができやすく、火かげんがむずかしい
カスタードクリームも、低温調理なら簡単。
とろりとなめらかでやさしい味わいです。

材料をまぜるときや加熱後
にまぜるとき、ブレンダー
があるとよりなめらかに仕
上がります。なければ材料
をまぜたあとはこして、加
熱後は泡立て器でよくまぜ
ればOK。

🌡 94.0°C
⏱ 10:00 min.

やさしい
カスタードクリーム

材料（作りやすい分量）

卵… 3 個
砂糖…大さじ 3
牛乳…200㎖
バニラエッセンス…少々

卵は冷蔵室から出
したてのものを使
って。

作り方

低温調理

1. 冷蔵室から出した卵、牛乳、バニラエッセン
   ス、砂糖をよくまぜ合わせ、保存袋に入
   れて空気を抜き、口をとじる。
2. 低温調理器を94度で10分にセットし、1
   を沈めて加熱する。
3. とり出してボウルに移し、ボウルの底面を
   氷水で冷やしながら泡立て器でよくまぜる。

ARRANGE

バナナカスタード春巻き

材料と作り方（4 人分）

1. 春巻きの皮 8 枚縦横半分に切っ
   たバナナ 2 本分、低温調理ずみ
   のカスタードクリーム適量をの
   せて包み、端を水どき薄力粉（薄
   力粉小さじ2＋水小さじ 1 ）で

   とめる。
2. フライパンにサラダ油を深さ1
   cmほど入れて中火で熱し、1を
   揚げ焼きにする。
3. 器に盛り、ミント適量を添える。

📍 POINT

春巻きの皮の中心にバナナ、カスタ
ードクリームをのせて包んで。皮が
破れないよう、盛りすぎないのがポ
イントです。

低温調理器なら温度管理がラクラク！
濃厚に仕上がります

自家製発酵食
recipe

何日も常温で発酵させる甘麹や塩麹も
温度管理を完璧にしてくれる低温調理器なら、短時間で簡単に完成します。
8時間ほどほうっておくだけで、濃厚な味わいに。
麹生活で体の中から健康でキレイな体をつくりましょう。
麹やヨーグルトは日々の生活にとり入れやすいレシピもご紹介します。

時間と手間のかかる発酵食・甘麹も
低温調理器があれば気軽に作れる！
砂糖なしでも自然な甘みで濃厚に。

自然な甘みの
自家製 甘麹

55.0°C
⏱8.00h

材料（作りやすい分量）

米麹…200g
水…500㎖

米麹が1粒ずつに
なるよう、よくも
みほぐして。

作り方

低温調理

1 保存袋に米麹を入れてよくもみほぐす。水
を加えてさらにもんでまぜ合わせ、口を途
中までとじる。

2 低温調理器を55度で8時間にセットし、1
を口が水面につからないように沈めて加熱
する。

◊POINT

甘麹はすぐに使いきれない場合、冷
凍するのがおすすめです。低温調理
に使った保存袋を平らにして冷凍室
で保存すれば、必要なときに割って
使えます。

少し口を開けるのは、発酵して袋が
ふくらむのを防ぐため。低温調理器
によって水面が振動するので、水が
入らないようにクリップなどでしっ
かり固定しましょう。

ARRANGE1

麹チャイ

材料（2人分）

低温調理ずみの甘麹…100g
牛乳…200㎖
カルダモンパウダー、シナモンパウダー、オールスパイス
　…各1〜2振り

作り方

なべで牛乳をあたためてスパイスを振り入れ、甘麹を加え
てまぜ、火を止める（ブレンダーでまぜると麹の粒感がな
くなり、なめらかな仕上がりになる）。器に盛り、好みで
シナモンパウダーを振る。

POINT

スパイスを使って本格的なチャイ作
りに挑戦。常備しておいてもいいで
しょう。

ARRANGE 2

くだもの甘麹

材料（2人分）

低温調理ずみの甘麹…200g
ブルーベリー、ざくろなど好みのフルーツ…100〜150g

作り方

フルーツはこまかく刻み、甘麹とまぜ合わせる（ブレンダーでまぜるとフルーツの色がきれいに見え、麹の粒感がなくなってなめらかな仕上がりになる）。

⊙ POINT

フルーツはレモンやオレンジなどのかんきつ系もおすすめです。また、ソースとしてヨーグルトにかけたり、冷凍室で冷やしてシャーベットにするのも◎。

市販のヨーグルトに牛乳を加えて
セットするだけで発酵完了！
たっぷりのヨーグルトが作れます。

🌡️ 40.0℃ ~ 43.0℃
🕐 8.00 h

牛乳でたっぷり発酵！
自家製ヨーグルト

材料（作りやすい分量）

牛乳…500mℓ
プレーンヨーグルト
　…50g

作り方

低温調理

1 保存袋に牛乳、ヨーグルトを入れてもみまぜ、
　口を途中までとじる。

2 低温調理器を40〜43度で8時間にセットし、1
　を口が水面につからないように沈めて加熱する。

👍 SET

液体で扱いづらい
ときは袋の口を一
度とじ、セットす
るときに少し開け
て。

📍 POINT

ヨーグルトはR-1、L-92、ガセリ菌など機
能性ヨーグルトを使って。カスピ海やケ
フィア、甘みが加わったものはNGです。

ドライフルーツマリネ

材料（2人分）

低温調理ずみのヨーグルト…200g
マンゴー、パイナップルなど好みのドライフルーツ…40g
＊レーズン、いちじく、あんず、クランベリーなど何でもOK。
ミント…適量

作り方

ドライフルーツは食べやすく切り、ヨーグルトと合わせて
冷蔵室でひと晩おく。器に盛り、ミントを添える。

ひと晩つけることでドライフルーツ
は水分を吸ってフレッシュ感が戻り、
ヨーグルトはもったりとした味わい
に。

肉をやわらかくする効果はもちろん、
スープの味つけやドレッシングに
するのもおすすめです。

うまみを凝縮した
自家製 塩麹

55.0℃

8.00h

材料（作りやすい分量）

米麹…200g
水…300㎖
塩…大さじ2

水を加えたら、袋
の上からもみほぐ
して。

作り方

低温調理

1 米麹は保存袋に入れてよくもみほぐし、水、
塩を加えてさらにもみまぜ、口を途中まで
とじる。

2 低温調理器を55度で8時間にセットし、1
を口が水面につからないように沈めて加熱
する。

POINT

塩麹は塩分が高いので、冷蔵室や野
菜室で1年ほど保存が可能です。た
だし、熟成させずにフレッシュ感を
保ちたいときや、変色が気になる場
合は冷凍保存がおすすめです。

ARRANGE 1

塩麹ドレッシング

材料（2人分）

塩麹…50g

A
[オリーブ油…大さじ2
[レモン汁…小さじ2
[こしょう…少々

作り方

ボウルに塩麹、Aを入れ、ブレンダーでまぜ合わせる（ブレンダーがなければ泡立て器でまぜればOK）。

【サーモンと水菜のサラダ】

水菜50gはざく切り、赤玉ねぎは薄切りにして冷水にさらし、水けをしっかりときる。そぎ切りにしたサーモン（刺し身用）100gとともに器に盛り、塩麹ドレッシングをかける。

ARRANGE 2

塩麹のぽかぽか豚汁

材料（2人分）

塩麹…大さじ3
ごぼう…50g
まいたけ…30g
さやいんげん…10g
豚こまぎれ肉…50g
だし…400㎖

作り方

1 ごぼうは斜め薄切りにし、まいたけ
   はほぐす。
2 なべにだし、1を入れて中火にかけ、
   煮立ったら5分ほど煮る。へたを除
   いて3cm長さに切ったいんげん、豚
   肉を加えて2分ほど煮、塩麹を加え
   て火を止める。

さくいん

料理
牛尾理恵

料理研究家。東京農業大学短期大学卒業後、栄養士として病院での食事指導に携わる。料理の制作会社を経て、料理研究家として独立。作りおきや糖質オフのレシピが好評。家庭のおかず、圧力なべレシピ、炊飯器レシピから愛犬のためのごはんまで、得意ジャンルは幅広い。手間は最小限で、忙しい人でも無理なく作れる、おしゃれで栄養バランスのいい料理に定評がある。著書は『ぜ〜んぶ入れてスイッチ「ピ」! 炊飯器で魔法のレシピ100』(主婦の友社)、『究極ずぼらウマいレシピ』(朝日新聞出版)など多数。

STAFF

デザイナー	吉村 亮　石井志歩(Yoshi-des.)
カメラマン	長谷川 潤
スタイリスト	久保田朋子
調理アシスタント	高橋佳子　金原桜子　上田浩子
取材・文	丸山みき　樫村悠香(SORA企画)
編集担当	中野桜子
編集デスク	野崎さゆり(主婦の友社)

協力
アイリスオーヤマ　https://www.irisohyama.co.jp/
貝印　https://www.kai-group.com/
　お客様相談室　0120-016-410
葉山社中(ボニーク)　https://boniq.store/
BEGALO JAPAN　http://www.begalo.co.jp/

作業10分!
低温調理器で、お店レベルの
とろけるrecipe

2021年3月31日　第1刷発行
2022年3月10日　第3刷発行

著　者　牛尾理恵
発行者　平野健一
発行所　株式会社主婦の友社
　　　　〒141-0021　東京都品川区上大崎3-1-1
　　　　目黒セントラルスクエア
　　　　電話　03-5280-7537(編集)
　　　　　　　03-5280-7551(販売)
印刷所　大日本印刷株式会社